별나다

별나다

유충구

차 례

1장
때와 시기에 관해서는
너희에게 쓸 것이 없음을
이 순간에도 나는
세상을 빌려 쓰고 있다

시인으로 가는 길 14

무엇이 있다가 사라진 자리 16

눈 내리는 날 17

한낮 석양의 인생이여! 18

아름다운 구속(크리스마스트리) 20

세상살이 22

내가 잡고 있었던 것들 23

슬픔이 모자란 후회 25

상생과 공멸 26

일상이 수척해져서 28

스승의 빈자리 29

더하기 빼기가 너무 어렵습니다 30

내가 놓친 꿈 아이스크림 31

동행 32

변종 인간들의 가면무도회 34

비상 36

옛날보다 선명한 기억이 찾아올 때 38
복 꿈 40
공생의 느낌 42
꿈은 일어서야 보인다 45
기찻길 여행 46
인연 48
우리네 인생 49
나의 신성한 청춘이여 50
나팔꽃 넝쿨 속에 쉐리는 쓰러지고 52
물음 54
인생 55
겨울 골목길은 하이패스가 없다 56
황혼의 가슴에 12월이 오면 57
추억 속에 그리움이 머물다 58

2장
사람이 그리운 걸까
사랑이 그리운 걸까
아픔 끝에 날개를 펴다

무지개 사랑 63
달빛 연가 64
별이 지면 너도 그립다 66
사랑비 1 67

너였으면 68

그리움의 기도 70

사랑의 비밀 71

태양은 언제나 아름다워라 72

첫사랑 73

동백꽃 길에서 연애하다 74

사랑의 간격 76

재회 77

첫 만남 78

별을 품은 소녀 79

사랑비 2 80

지나가 버린 사랑 82

사랑의 눈꽃 83

이별 기차는 기적을 울리지 않는다 84

반쪽 사랑 86

사랑비 3 87

춤추는 갈대 88

눈꽃 그리움 90

사랑은 이별을 꿈꾸지 않는다 91

그리움 92

오월의 신부 93

별이여 꽃이여 사랑이여 94

사랑 이야기 96

꽃향기가 날 것 같은 당신입니다 98

중년의 당신은 아직도 꽃입니다 99

크로커스의 눈물 100

추억의 길목에서 102

벚꽃의 향연 104

잃어버린 사랑 105

봄의 기다림 속에서 106

달빛에 숨어버린 사랑아 107

3장
갖가지 꽃들이
아이처럼 피어나고
가정이란 그릇에
행복을 담아 본다

아버지와 곰탕 111

봄비에 묵은 표정들이 쏟아지고 112

가을 길에서 114

선유도에 사랑이 말없이 넘쳐흐른다 116

어머니의 그리움 117

기억 속에 남겨진 가족사진 118

바람이 보낸 선물　120

오이지로 여름나기　121

3월에 바람이 불면　122

대추　124

겨울 바다의 포옹　125

고추잠자리　126

온난화　128

소나기와 붕어빵　129

봄 산책　130

신령이 머무는 곳　132

바람이 불면 억새꽃이 핀다　133

봄은 경계하지도 않고 비장해지지도 않는다　134

여진을 기다리는 과꽃　136

단칸방의 행복　137

들꽃의 생각　138

수선화는 아파도 아름답다　140

산수유꽃 필 때면 그리움도 핀다　142

벤치에 앉은 가을　146

4장
감각에서 영혼으로
옮아가는 침묵의 시기를
쓸 수는 없나이까

나이테의 상처는 아픈 축복이다 149

새 날 새 아침 150

훔쳐먹는 생명은 누구의 것인가요 152

기억이 나를 본다 153

향기로운 불빛은 영혼을 깨운다 154

하늘은 절대 다투지 않는다 156

물음과 염원 157

하늘에 피는 별꽃 158

거울 속에 내가 믿는 신이 있다 160

생명의 미션 161

그날 162

신의 힘과 기도 속에서 163

파괴와 창조의 뿌리는 같다 164

육체와 육체가 슬프게 헤어질 때 166

베풂 167

오래된 집 안에서 168

5장

흑백은
모든 색이 다
빠져나간 뒤에도
남아있으려는 마음
고통은 아픈 축복이다

Me, too 171

고요한 외침 172

한 송이 꽃이 되어 174

망향가 176

이름 없는 풀꽃(위안부의 통곡) 177

풀잎 178

그림자 전쟁놀이 180

평양과 포장마차 181

끝맺는 시 182

◆ 사진 작가의 글 184
◆ 평설: 영혼靈魂을 관통하는 문학적 지평,
　　　유충구 시인의 시 세계 186

1장

때와 시기에 관해서는

너희에게 쓸 것이 없음을

이 순간에도 나는

세상을 빌려 쓰고 있다

어디로 갈까

시인으로 가는 길

사서함 주소로 아름다운 감각을 띄우고
사뿐히 앉은 빨강 노랑 초록 날개들
꽃의 음자리를 배열해 주는 나비와 함께
발끝에서 육감의 소리를 잡으러 간다

너에게로 가는 길은 건반이 되어
한음 한음 정성껏 연주하다 보면
높은 음력으로 전해지길 바라는 마음에
한때 울었던 축대 밑 추억의 장소로
이리저리 하얀 여백으로 끌고 다니지만

해독할 수 없는 상용 문자들
나의 문맹은 어느 구절에다
붉은 줄을 그어야 할지
향기의 침묵은 어렴풋한 짐작 하나
얹히고 겹치고 하다 보면

기발한 문장들이 심장 속에 이르러
꽃의 빛깔들이 강력한 중력에 빨려 들어가
머물면 머물수록 별빛으로 변하여
나에게로 쏟아진다.

무엇이 있다가 사라진 자리

몸속에 꽃이 피면 화려한 고통이 시작되어
아름다운 것이 맨 끝에 서서
향기 맺힌 추억들이 불안스레 퇴색해 가고

몸속에 꽃이 시들 때면
사라지는 행복한 이별
남아있던 그 슬픔 그 자국에 고요가 바글거린다

꽃을 토해내던 곳
입은 살을 넣고 근육은 커지지만
핏기 잃은 자작나무 사이로
별들은 은밀하게 야위어가고

오늘 밤도
커졌다 작아졌다 하는 바람 소리와 함께
울음과 웃음이 하늘로 퍼진다.

눈 내리는 날

눈 내리는 속으로
눈 내리는 속으로 걸어가면
나는 행복하다

내가 버린 것 속으로
나를 버린 것 속으로 걸어가면
함께 섞여져 내려 나는 행복하다.

한낮 석양의 인생이여!

내가 비록 철부지였을 때
한낮 세상을 불러들였지만
누추하지 않은 곳에 꿈은 떠 있었고
비가 오지 않는 날
지표를 측량하며 땅거죽 위에 터를 잡고
불 지피며 살았던 것을 풀잎은 안다

그곳에서 산란하여 떠올라
다시 그곳으로 돌아가는 하늘 비탈길에
잠시 서표를 만나
허공을 소유한 구름 갈피에 끼워

어두움을 응시한 구겨진 물결 속으로
허기진 조개껍질 살 접어
두터운 갯벌에 겨우 잠이 들 즈음
붉은 파도 위에선 긴 장마가 오고 있다.

풍차와 석양

아름다운 구속 (크리스마스트리)

내 꿈은 하늘과 맞닿아
햇빛과 미립자들이 꿈틀대는 곳
하지만 자본주의가 이윤 없는 나를
12월 북쪽 끝에 서 있게 했다
더는 나갈 수 없게
반투명의 요란한 색채들이
몸을 칭칭 감아 숲의 지문을 부수고
어둠을 터트릴 듯 꼬물거린다

푸르게 서 있는 눈 덮인 구상나무 옆에
그대에게 보낼 집 한 채
크리스마스카드에 담으면
풍경은 파노라마처럼 흘러가지만
꿈은 거기에서 끝나고
창가의 불빛은 문밖으로 나올 수가 없다
산타는 보이는데 사랑은 멀리 있어

오늘도 바람결에 간지러워 웃지마는
어둠이 너무 커 어둠을 끄려고
스위치를 찾아 나선다.

세상살이

칠흑 같은 밤만 어둡단 말인가
혼돈한 세상 흑암같이 보이질 않는다네
눈이 있어도 보이질 않고
귀가 있어도 듣질 못한다네
난 아무것도 모른다네
정말 모른다네

슬픔에 젖어 불행에 울어야 하는지
기쁨에 젖어 행복에 웃어야 하는지
지금도 모르고 나중도 모른다네
난 아무것도 모른다네
정말 모른다네.

내가 잡고 있었던 것들

종로3가역 전자판 시계가 지하철을 이끈다
무수한 사람들을 태우며
미친 듯 죽음을 향해 달려오고
마주 오는 열차는 재앙을 피해 달려간다

어느새 어린아이는 상주가 되어
문상객을 맞이하고
모든 유산이 빠져나간 망자의 관 속에
기다리는 육체가 그만 시시해져 버렸다

새로 만든 지하철역에서
계단을 올라가는 낮과
계단을 내려가는 밤을
마르고 차가워진 손끝으로 잡고 있을 때
입안에서 나오는 숨소리가 늙어가고 있다.

일몰

슬픔이 모자란 후회

조금만 더 슬펐더라면
강아지 목에
사슬을 묶지 않았을 것이나

조금만 더 슬펐더라면
허수아비 땡볕에
종일 서 있지 않았을 것이나

조금만 더 슬펐더라면
썰물로 빠져나간 바닷가
갯벌만 남겨놓지 않았을 것이나

아까부터 위로할 수 없는 후회로
아쉬워하고 있었을 것이나.

상생과 공멸

거친 바다를 제압하는
상어의 몸짓은
자유의 피 냄새를 맡고

고독한 바다
고독해야 하는 파도가
지표의 경계에 섰을 때
삶의 부표는 어쩔 수 없이 마른다

굶주린 항구는
텅 빈 어구에 눈빛을 채우고
겹겹이 쌓인 파도는
깊지 않은 소리를 내뿜으며
늙은 해녀의 죽음을 누른다

자유의 피 냄새를 위해
거침없이 항해를 달려본 적 있는가
바다가 고독해야 한다는
어느 시인의 말을 누가 공감하겠는가.

일상이 수척해져서

밤이 슬펐더라면
낮에 태양을 두고 오지 않았을 텐데

늙음이 슬펐더라면
젊은 날들을 소홀하지 않았을 텐데

외로움이 슬펐더라면
사랑을 지워놓지 않았을 텐데

이제 숨겨 놓은 기약마저
슬픈 놈에게 끌려가는구나.

스승의 빈자리

믹서기에 붉은 고추가 갈린다
기계의 무서운 칼날보다
배회하는 문장과 비밀스러운 답안지가
그토록 매웠다

혼돈이 만든 빨강 즙
갖가지 양념이 머리에 스며드니
그리움이 엉겨 붙어
매운 덩어리가 나에게로 쏟아진다.

더하기 빼기가 너무 어렵습니다

하나의 소주잔에
채우려는 마음과
비우려는 생각이
참 어렵습니다

더하려는 숫자와
빼려는 숫자가 없었더라면
이 세상은 달라졌을 텐데

이제 입속에 머물러
배양하려는 숫자를
삼키려 합니다.

내가 놓친 꿈 아이스크림

내 꿈은 산꼭대기
냉장고에 닿아있다
가는 걸음 내내
수많은 허들을 넘는다

냉장고에 있어야 할 아이스크림
밖에 나와 말라비틀어져 있다
뒤주 속 사도세자
무슨 죄를 지었기에
밖에다 가두어 놨을까.

동행

나의 길은
탯줄을 잘라
이 세상 첫 숨을 들이쉬고
마지막 날숨을
거칠게 몰아쉴 때까지
걷고 걷는다

그런 나의 길에
어느덧 네가 찾아왔다

같이 걸으니 좀 느리다
같이 걸으니 가끔 넘어진다
같이 걸으니 이따금 서럽다
서투른 발걸음에 우리가 웃는다.

하나가 아닌 둘

변종 인간들의 가면무도회

내 귀에 검은 무대가 걸리고
디케의 불빛이 미소를 비출 때
거울은 가면을 쓴다

열려있던 무대막이 도시로 빠져나가면
눈알 빠진 오징어 창자 썩은 홍어의 냄새가
그물에 걸려 있어도
구강의 향기를 바라보아야 한다

고흐의 별이 빛나던 밤은
파리 에펠탑을 춤추게 하고
런던의 템스강은 화려한 입술로 노래하지만
옆구리가 터진 김밥과 검은 사막의 아픔을
자유의 여신상은 슬퍼해야 한다

목이 잘린 명태가 대롱대롱 매달려
검은 망토를 쓰고 북극성을 건너갈 때
상여를 맨 IS는 얼굴도 모르는 세상에 덮여
죽어가는 시체를 보고 슬프게 웃어야 한다

무도회가 끝나고 잡화점 앞에 서 있는
5달러짜리 몸값을 지불할
나를 바라보는 나를 바라본다.

비상

새장에 갇힌 새는 날개가 없다
자신이 날으는 새인 줄 모르기 때문이다

하늘을 바라보지 않는 새는 희망이 없다
나르려는 욕망조차 없기 때문이다

바람을 맞지 않으려는 새는 멀리 날지 못한다
두려워 날개를 활짝 펴지 못하기 때문이다

비로소 자신이 용기로워질 때
하늘을 바라보며
바람과 함께 저 멀리 저 높이 창공을 향해
날을 수 있을 것이다.

비상

옛날보다 선명한 기억이 찾아올 때

비 오는 날
창가에 내리는 추억은
한 잔의 커피를 냉각시킨다

입속에 머물러
피어오르는 온기는
찾아드는 낭만을
삼킬 수가 없다

뜨겁고 차가운
시간과 시간 사이
눈에 익은 글자 하나하나를
이해할 수 없는 공식 속에서 찾고 있다.

은행나무

복 꿈

소똥이 부뚜막 여기저기
질퍽하게 나뒹군다
간밤에 불청객이 부엌에 들어와
참회록을 쓴 흔적도 없이 사라졌다
걷는 걸음걸음 내
똥 삽질 똥 빗질에 부아가 치밀어
한숨을 입 밖으로 밀어낸다

이웃 담장 경계를 넘지 못하고
서투른 각도로 헛간에 숨어있는
피의자를 수선스럽게 끌고 와
오랫동안 말라비틀어진
돌배나무 허벅지에 포박해 놓고
웅크린 채로 저녁부터 새벽까지
수치스러움과 아름다움을 함께한다

가을이 익어갈 즈음
울 엄니 막둥이 낳을 때
돌배 가지에도 소똥이 주렁주렁 영글겠지
오늘따라 유난히 밤하늘에 달덩이가
복스럽게 차오른다.

공생의 느낌

어두운 방구석에
낯선 울음소리
어린아이는 호기심으로
엉금엉금 다가선다

한쪽 다리가 부러져
절룩거리는 고양이
긴장된 눈초리로 마주한다

잠시 뒤 정적이 흐르고...

인큐베이터에서는
갓 태어난 팔삭둥이
맥박 측정기를 발가락에 꽂고
막 잠이 든다

경계의 눈빛이 벽에 걸리고
뚫어지게 쳐다보는 고양이
거울 속 아이를 바라보며 웃고 있다.

이팝나무 철길

꿈은 일어서야 보인다

너의 미소를 짓게 한
커다란 눈망울은
종일 치이고 돌아와
쏟은 눈물이었고

이마에 땀을 식혀주는
시원한 바람은
온종일 뛰어다녔던
네 몸의 작은 날갯짓이다

그러니
넘어졌다고 쓰러지지 말아라
너와 함께 뛰어 줄 그림자는
일어서야 비로소 보일 테니.

기찻길 여행

새벽공기 얼어붙은 플랫폼을 깨우며
요란하면서도 태연하게
기차는 거대한 몸짓으로 다가와
여행용 가방을 뜨겁게 껴안는다

철목을 누르고 가다 보면
그윽한 풍경에서 굴복하지 않았고
아름다운 것과 마주했을 땐 은둔하지 않았다
제대로 맛을 낸 국밥집 앞에서는
떠오르는 얼굴이 있어 그 사람을 생각한다

켠 켠 마다 들어찬 끈끈한 욕망
사랑은 더디 왔다가 빠르게 지나가고
철목 사이사이 떠나지 못해 서성거리는
애처로운 풀잎까지 함께하기 위해서는
나의 삶이 떳떳해지도록
기차보다 기찻길이 더 앞서가야 하는
유일한 이유이다.

인연

아침에 이슬이 찾아와 인연을 맺고
낮에 햇살이 찾아와 인연을 맺으며
밤에 별들이 내려와 사랑을 맺는데

바람아 너와의 인연은 언제 맺으려나
네가 있던 자리 풍경조차 알지 못하고
헛되이 헛되어 세월만 맺고 있구나.

우리네 인생

오늘도 변함없는 하늘에 다가가 묻는다
투명한 바람에 못 이긴 구름은
푸르름에 고개 숙여 정처 없이 떠돌다 사라지고
밤하늘 별들도 반짝거리다 빛바래 사라지는데

보잘것없는 우리네 인생
낮음이 어디 있고 높음이 어디 있단 말인가
좋음이 어디 있고 나쁨이 어디 있단 말인가
그럼에도 인간은 지배하고 평가하고 구속한다

우리네 인생 하늘에서 구름 타고 왔다가
밤하늘 별들처럼 맴돌다 사라지지 않던가
공허한 하늘은 영원한 것 없다 하고
무명한 밤하늘은 어리석음만 남겨놓았구나.

나의 신성한 청춘이여

그대여!
부서지는 파도와 거친 물결이여
갓 구운 해를 잘라 포말의 무지개를 밟고
하늘을 오르는 푸른 생각들로 가득하리

젊음이여!
신조차도 탐낼만한 풍요로움이여
태양의 기력이 쇠한 저녁이어도
상념의 지분을 갖고 찬란한 꿈을 펼치리

인생이여!
끝이 있지만 끝나지 않을 날들이여
내일의 세월이 감금되어
아름답고 명랑한 무게로 남으리.

바다의 노래

나팔꽃 넝쿨 속에 쉐리는 쓰러지고

꺼질 줄 모르는 달빛은
잃어버린 붉은 야화의 초상을
애타게 찾아 남겨 두려 하지만
늙은 넝쿨의 쓸쓸한 풍경만
밤하늘에 가득하다

나팔꽃의 화려한 소리는
아침 이슬로 차오르고
단단한 하늘마저
돌아오지 못할 햇살을 삼키는데
지금은 그마저도 흔적조차 보이질 않고
빈 술잔에 낮달만 서럽게 채운다

메마른 대지에
휘어진 바람조차 버림받고
낯선 호흡들이 쉬리는 쓰러지고
오직 영혼의 영원한 소망은
무너질 수 없는 한 번뿐인 약속이라고.

물음

죽음 주시려고 생명 주셨습니까

슬픔 주시려고 기쁨 주셨습니까

이별 주시려고 만남 주셨습니까

악행 주시려고 선행 주셨습니까

병 주시려고 약 주셨습니까

이게 뭡니까?

인생

처음 세상과 인연을 맺어
오래도록 함께한 세월

내 나이 아직 봄이건만
무정한 세월에 묻혀버렸나

흐르는 강물 따라 내 청춘 가네
흐르는 구름 따라 내 인생 가네.

겨울 골목길은 하이패스가 없다

길눈이 어두운 삼천포의 겨울은
바다를 잃은 고기들이
며칠 머물다 떠나는 골목길
크고 밝은 달이 떠나고 없는 그 자리에
별들이 잠시 내려와
너울의 바다를 톡 톡 건드린다

된 바람이 칼끝을 앞세우고 달려올 때
늙은 어부의 아린 마음에
가난한 밤의 한기를 내뿜는다
인가의 불빛에 서성거리다
서투른 발자국을 지우지 못하는 골목길은
내가 오래 생각해 보는 길이다

사람을 잃은 사람이
그림자로 남는 좁고 긴 골목은
끝을 바라보는 일만으로도 하루를 다 지새운다.

황혼의 가슴에 12월이 오면

찬 서리 눈꽃 손님
머리 위 내려앉을 때
그대 모습 청춘으로부터 점점 멀어져 가고
세찬 바람 손님
내 몸 감싸안을 때
그대 마음 외로움에 점점 쓸쓸해져 가네

지난날…
누군가를 시기하고 미워하며
누군가를 사랑하고 원망하지 않았던가

언제나 그랬듯이
그리워하고 아쉬워하며
다가올 새 날들을 기다리며 그대를 맞이한다
오늘도 노송 가지 사이에 그대를 얹는다.

추억 속에 그리움이 머물다

구름이 흘러가는 곳
나의 인생 저물어 가고
거울 속 공상이 사연 담아 노을로 수놓을 게다

바람은 나부끼고
오늘이 속절없이 스쳐 가지만
청춘의 그림자 흔적으로 다가설 게다

저 수평 넘어
세월의 물결 일렁이고
낯선 기억들 아련하게 밀려오는데

추억의 비가 흘러내려
내 기억 몽땅 그리움에 젖어있을 것이고
추억의 눈이 곱게 쌓여
내 뽀얀 발자국 지워지지 않게 남길 것이다.

친구

2장

사람이 그리운 걸까

사랑이 그리운 걸까

아픔 끝에 날개를 펴다

무지개 사랑

나의 뜨거웠던 정열은
지난날들의 미지근함 때문일까
다가올 차디찬 냉랭함에
괴로워할 두려움 때문일까
아마도 고열을 내뿜으며
숨 가쁘게 굴었던 것은
아름다운 별을 바라보기 위함이었고
맑은 눈동자를 간직하기 위함이었다

안갯속에 보이지 않던 무지개 사랑은
설익은 푸른 생각들로 가득했고
서투른 발자국은 저 너머 꽃길이 되어
노을빛으로 익어 갈 테지만
정녕 가을이 오기까지
당신의 뜨거운 그리움을
붉은 소낙비로 마구 쏟아부을 게다.

달빛 연가

홀로 우두커니 서 있는 수변가
버들은 보란 듯 바람에 흔들리고
철없는 달빛은 애써 우연 바람만 찾는다

버들이 어두운 수풀 위로
가느다란 수만 개의 푸른 별을 흘러내리면
달빛은 갈밭 밖으로 바람을 지워놓고
고동치는 초열의 푸른 속살을 껴안으리

밤하늘에 묻힌 그대여
달빛 물결로 순백의 싹을 피워주오
그대 호수에 젖어 있을 때
하얀 그림자 허리에 포개놓고
새벽이 아우성을 쳐도 그대 곁을 떠나지 않으리.

쉼

별이 지면 너도 그립다

별이 참 밝은 밤이었지
나의 길에 어느덧 네가 찾아왔다
손을 꼭 잡고 걸어가던 그날
너를 노래했고 너의 시를 썼었지
밤하늘은 별들만큼이나
너로 가득 채워졌고
별똥별처럼 마구 쏟아지는
너의 생각은 나의 일상이 되었지

이제 빈손으로 걷는 이 길은
아무것도 들리지도
보이지도 않아
그때 저 별들은 그대로인데
아마 그날 밤 별들은
조금 모자란 별빛이었나 봐
아직도 이따금 나룻배를 타고
너의 주위를 맴돈다.

사랑비 1

비가 온다

억수같이 내린다

버겁게 내린 빗줄기

사랑에 젖으니

그리움이

억수같이 내린다.

너였으면

따스한 햇살이
너였으면

환하게 비추는 달빛이
너였으면

그리운 별빛이
너였으면

멀찍이 떨어져 바라보며 생각했다
저 하늘이 나였으면.

그대와 함께 춤을

그리움의 기도

지금 이 순간
누군가 그 사람을 위해
기도하는 까닭은
어디에선가 있을
유일한 그 사람을
만나려 하기 때문입니다
비록 그 사람이
멀리 떨어져 있어
하루가 그리움을 조각내지만

고요함에 기대어
눈을 뜨고 보려고 했던 것보다
눈을 감고 보려고 애썼던 진정성이
소박한 손길을 끌어안으며
두 손 모아 그 사람을 위해
쓰려고 합니다.

사랑의 비밀

하늘은
너와의 인연을 조립하였고
세상은 너와의 사랑을 생산하였다

사랑의 빛은
가까이 닿을 듯 공급하려 하지만
모두 시늉일 뿐
영원하지 않은 혜성은
이내 암흑 저편으로 침전해 버린다

나만 모르는 비밀
나만 모르는 약속
나는 언제까지 홀로 너의 곁을 맴돌아야 하는가
하늘을 분해한 태초가 그립다.

태양은 언제나 아름다워라

어제의 사랑은
떠오르는 태양을
기다리는 마음으로
시작하였고

오늘의 사랑은
떠 있는 태양을
바라보는 마음으로
살아가며

내일의 사랑은
태양을 태우며
늘 설레는 마음으로
완성하련다.

첫사랑

어제와 같은
너는 있었지만
오늘과 같은
너는 없다

하지만…

너에게 어제는
흘러갔어도
나에게 오늘은
머물러 있다.

동백꽃 길에서 연애하다

길가에 핀 꽃 하나하나에
붉은 미소를 간직했건만
그 사랑 테두리가 요란하다
매정하고, 애욕하며
화려하고, 굴복하다

무수히 많은 나체가
쏟아지는 시체 더미 속에서
여인 한 필을 취한
나그네의 기분은 어떠할 것인가
이토록 겨울을 아파한 만큼
다 헐어버린 잎 속에
새하얀 눈 닿으니
촉촉하고 태연하기만 하구나.

동백꽃 이야기

사랑의 간격

지금보다 더 낮은 하늘이었으면
닿을락 말락 하는 고탑 위로
얼룩진 구름을 말끔히 지우고
흐려진 우리의 날씨를
선명한 공간에서 눈 부신 햇살로
사랑할 수 있었을 텐데

밤하늘 끝에 피어 있는
낮은 달빛을 오래 보다 보면
우리의 어두운 추억을
용서할 수 있었을 텐데
이제야 깨닫는다
내가 다시 사랑한다면
저 도도한 하늘이 조금만 더 낮아지기를.

재회

꽃바람
따스한 봄날 살포시 찾아와
나의 가슴에 꽃향기 심어주었지
벌 나비 꽃향기 취해 춤사위 하네

꽃바람
바람꽃 되어
나의 가슴에 나그네 심어 주었지
다소니 미운 새 되어 날으려 하네

언젠가…

해질녘 애달픈 가슴 안고
꽃바람 오실 적에
그윽한 꽃향기 품으며
나그네 맞으렵니다.

첫 만남

둥그런 나를 감싼 햇살은
갈피 없이 미끄러져 내리고
바람이 오는 사이로
환하게 전조등 켜니
오늘 처음으로
당신은 멀리서 날 보았을지
모른다고 생각을 했습니다

어떤 은근함이
내 팔을 잡아당겨
당신 쪽으로 한 단락 이끄는지
낯선 두근거림
싸드락 싸드락
그 떨림은 시선을 통과하고서야
숨어 있고 싶었던 투정이 어여뻐 보여.

별을 품은 소녀

홀로 누워
별빛의 그리운
사무친 그런 새벽에
그대 내 마음
어찌 아셨는지
꿈속에 찾아오시어

무릎 베고
나를 올려보시다가
한 송이 꽃을
피워내시더니
홀연 깨어보니
그대는 온데간데없고
그 향만 그윽이 남아
텅 빈 가슴만 맴돌고 있구나.

사랑비 2

오늘 하루

비가 그치지 말았으면

그리움이 빗물에 젖어

너에게 닻을 내려놓을 텐데

빗방울이 센 오늘이

더욱더 그리워.

기다림

지나가 버린 사랑

하늘에 있는 별 하나하나마다
선명한 눈빛을 담았는데
서울은 온종일 뿌옇다

길가에 핀 꽃 하나하나마다
아름다운 미소 간직했는데
도로에는 잡초만 무성하다

색색이 물든 단풍잎 하나하나마다
그리움의 추억 새겼는데
발밑에 낙엽만 밟힌다

오늘따라 낯선 바람이 불어
아직도 시들지 못한 몇 송이 꽃과 함께
나의 마음이 추락하고 있다.

사랑의 눈꽃

눈이 내린다

진종일 내린다

온 세상이 하얗다

함박눈이 쌓이고 쌓이면

그리움도 함께 쌓여

하얀 꽃 속에 그대가 쌓인다.

이별 기차는 기적을 울리지 않는다

부다페스트로 가는 기차는 떠나가네
도나우강의 추억을 싣고서

행복했던 지난 시간
다시 주워 담을 수만 있다면
그대 곁에 머물 수만 있다면
내 영혼 그대 곁에 멈추어 버릴 텐데

이제 촛불을 켤 날도 없다네
맑은 하늘도 내 겐 무의미하며
밤하늘에 별들도 썰물처럼 떠나가고
비밀을 품은 당신은 영원히 오지 못하네

그대 손길 내 기억 속에 남아 있고
그대 미소 내 심장 속에 담겨 있는데
여전히 따듯한 품속을 잊지 못해
그대 있는 그곳을 꿈꾸어 본다네

다시 바라볼 수만 있다면
내 눈이 아파도 내 눈이 멀어도
오늘도 아픔을 가슴속에 남긴 채
홀로 도나우강 강가에 앉아만 있네.

반쪽 사랑

꽃을 보았는데
왜 그 사람이
생각나는 걸까

비가 내리는데
왜 그 사람이
그리운 걸까

방금 짝사랑이
내 안에서
잉태되고 있다.

사랑비 3

어제 살포시

내린 비가

아침까지

내린 까닭은

어제의 추억이

아직도 흘러내리고 있기 때문이다.

춤추는 갈대

추어라 춤추어라 미친 듯 춤추어라
창자는 어디에다 숨겨 놓고
뼈대 속에 감정만 남겼느냐
풀싹과 맺은 순정 어찌하고
철없어 울 땐 발목까지 눕더니만
배알도 없이 바람보다 먼저 웃더냐

줏대 없는 머리에서 뿔나더니
동쪽 별에 기울거나
서쪽 달에 기울거나
너의 몸짓이 어느 쪽도 기울지 않는다면
하루 끝에 죽더라도 애틋하게 사랑하리
추어라 춤추어라 미친 듯 춤추어라.

억새의 추억

눈꽃 그리움

아직도 내 마음은 눈꽃 밭
한가운데 모닥불이
덩그러니 피우고 있다

누구를 위해
그 불을 지펴 놓았을까
사랑은 다시 돌아오지 않을 텐데

재 없는 불꽃에
옛것을 굽어보는 것은
새로 올 사람을 위한 것이었나
속절없이 그리움만 쌓인다.

사랑은 이별을 꿈꾸지 않는다

간밤에 내린 비
무슨 일이 있었길래
그토록 사무치게 울었던가
이별의 슬픈 곡조가
기억 끝자락에 걸친 초양이
아픔을 가려 주려나

그리움이 추락한
심연의 눈빛은
밤을 위한 별이 되었지만
별을 위한 밤은
밤도 되지 못한 채
별빛만 바라보고 있구나.

이 순간 나는 가장 아프다.

그리움

한 그리움이
다른 그리움의
그윽한 눈을 들여다볼 때

어느 겨울인들
그 사랑을 춥게 하리

긴 기다림 끝에
당신과 내가
하나의 꿈을 엮을 수만 있다면.

오월의 신부

너의 숨결로
봄이 찾아왔다
눈부신 햇살이 다 너다

너의 눈빛으로
봄이 아름답다
그 빛깔이 다 너다

너의 가슴으로
봄이 따스하다
온 세상이 다 너다

나는
언제나
너에게 닿아 있다.

별이여 꽃이여 사랑이여

나도 별 하나를 갖고 싶다
어두운 밤길을 잃고 헤매일 때
그 맑은 눈빛으로 마음의 길 비추어 주는
찬란한 별이 되는 꿈을 꾸고 싶다

나도 꽃 하나를 갖고 싶다
말 없는 이 밤도 외로움에 눈물 그리다
웃음꽃 피우며 그리움 남겨주는
향기로운 꽃이 되는 꿈을 꾸고 싶다

가슴에 사랑 하나 갖고 싶다
밤하늘에 빛나는 아름다운 별이 되어 주는
영원히 지지 않은 사랑의 불꽃이 되어 주는
그런 사랑 하나 꿈을 꾸고 싶다.

사슴의 꿈

사랑 이야기

들리나요
출렁이는 파도 소리
내 가슴 두근거리게 해요

들리나요
살랑이는 바람 소리
내 마음 설레이게 해요

들리나요
꽃잎이 소곤대는 소리
우리 사랑 속삭임 아닌가요

당신 눈동자에 비친
저녁노을 아래
우리 사랑 불태워 보아요

당신 따듯한 가슴 속
깊은 바다에 우리 사랑 배 띄워 보아요.

꽃향기가 날 것 같은 당신입니다

당신에게서 꽃향기가 납니다
바람에 실려 날아온 향기
바람 타고 오신 당신
내 가슴에 오래도록 머무를 줄 몰랐습니다

아직도 향기가
내 가슴에 남아 있습니다
지나 스쳐가는 향기 아닌
오래도록 내게 남는 향기인가 봅니다

여운이 가시지 않은 당신에게
향기가 날아가 버릴까 봐 겁이 납니다
그만큼 당신은 내게 깊숙이 남아 있는
그리운 향기인가 봅니다.

중년의 당신은 아직도 꽃입니다

아메리카노!
아이스로~

서리꽃 피었다가
봄이 오면
포근한 햇살로
가득 채워진 적 있었고
여름 오면
얼음꽃으로 뜨거웠던 청춘을
삼켜버린 시절 있었지

이제 너라는 계절 지내보니
세월의 입김에
찬란한 꽃잎은 시들었지만
가을 따스한 모카커피는
황금빛 노을이 되어
영원히 지지 않은 파아란 향기입니다.

크로커스의 눈물

꽃은 피어나도 소리는 없지만
향기로움을 느낄 수 있고
새는 울어도 눈물은 없지만
흐느끼는 소리는 알 수 있다네

가지가지 피어난 꽃
계절되어 찾아오지만
멀리 떠난 그대는 세월조차 잃어버렸나
매향 향기 없는 꽃만 피고 지는구나

가련타. 두견새야
소리 없이 머무는 이 바람이
너의 눈물인 것을

조각난 이 밤은
그대를 내 기억 속에 만나고
기억 속에 사라지는 것을
별도 없고 달도 없는 이 공허 속에
지워지지 않는 가슴만 도려내고 있구나.

추억의 길목에서

그대는 문득
수줍게 봄을 벗기는 꽃잎보다
덕지덕지 붙어있는 이파리가
더 예쁘다고 말했습니다
오랫동안 간직하고 싶었던 추억이 그렇듯
영원히 함께하고자 하던 사랑이 그렇듯
그러나 이루지 못한 꿈이 그렇듯
우리는 꽃봉오리가 되고 말았습니다

지난 말을 곱씹고 있자니
낙엽 가득한 지금의 거리가
부담스럽습니다
혹여 걸음을 서두르다 보면
추락한 이파리를 즈려밟지 않을까
조심 또 조심 빈 아스팔트를
골라 내딛습니다.

가을의 길목

벚꽃의 향연

봄비 떨어진 그 자리
기나긴 외로움 달래주려고
곱디고운 자태로
연분홍빛 선율로 먼저 다가왔구나

초록 잎망울 몰래 감추어 놓고
별빛 고운 비단길 심장 소리 밟으면
꽃비 내린 봄볕은
솜사탕처럼 달콤하네

흩날리는 꽃비
너와 나의 우산이어라
살랑이는 봄바람
우리들의 사랑이어라.

잃어버린 사랑

그리워 가슴에 그대 숨결 담아 놓고
보고파 입가에 미소 지으면
그리움 잊지 못해 눈물 흘리네
이 마음 시린 바람에 울렁이는데
가슴속 향기는 썰물이었나
내 모습 달빛에 허옇게 멍울져 있는데
외로움 심어놓고 아네모네꽃 피우네

바람에 묻힌 가슴속 향기는
입가에 미소 짓는 아픔이었고
달빛에 비친 꽃잎의 속살은
가시 돋은 아름다움이었네
오~그대 숨결 돌아앉았네
오~그대 미소 떠나가네.

봄의 기다림 속에서

그대 기다림 속에
매화 각시 목마를 때
장독대 쌓인 눈꽃 녹여
기나긴 고독의 설움 적시어 놓고

그대 기다림 속에
목련 각시 목마를 때
지붕 위 내린 봄비 젖은
봉오리가 서러워 눈물 맺어 놓고

아직은…
신랑 맞으시기에 속살이 부끄러워
나뭇가지 옷 입히시려나 보구나.

달빛에 숨어버린 사랑아

별을 보며 달빛을 사랑했건만
달빛은 호수에 비추어 주질 않고
파도는 조약돌을 품어가지만
내 마음 훔쳐 간 달빛은
내 기억 속에 남아 있네

떠나보낸 아픈 사랑 오늘이면 잊으려나
오지 못할 슬픈 사랑 내일이면 잊으려나
눈망울에 맺힌 이슬 한 조각
수선화 잎새에 떨굴 때
님의 얼굴 호수에 한 번 비추어 주었으면.

3장

갖가지 꽃들이
아이처럼 피어나고

가정이란 그릇에
행복을 담아 본다

아버지와 곰탕

계약직 이 씨의 빈자리에
힘겨워한 아버지의 뒷모습은
여태껏 보지 못한 앙상한 등골에
속살이 베이도록 눈물이 흐르고
가마솥에 힘깨나 썼던 뼛조각들이
진한 국물 맛을 내기 위해
아픔보다 더 뜨거운 눈물을
살점에 붙어서 흐르는 것임을

한사코 흘러내리는 것은
뜨거운 체온 때문이 아니라
한 움큼 소금을 쥐며
굶주린 눈빛을 채우기 위함이다
무덥고 바람 한 점 없는 날
두 뺨에 흐르는 땀방울이
그리운 곰탕 한 사발 곁에서
뜨겁게 울고 있다.

봄비에 묵은 표정들이 쏟아지고

봄비가 오면
모든 것이 명확해진다

어린 초록들이 선명해지며
채소가게 할머니 욕심이 분명해지고
신발가게 아저씨 질투가 또렷해진다
지난 허기진 겨울에 모두가 혼미해졌나 보다

서둘러 봄을 꺼내보니
푸르스름한 사이사이에
투명한 봄비가 흘러내리고 있다.

비 오는 날엔

가을 길에서

사랑하는 사람이여
태양은 점점 멀어지고
고독은 포로가 되어
홀로 길을 가네

나무여 바람이여
마지막 남은 온기와 붉은 낙엽
홀로 길을 가네

하늘은 모든 것이 장엄하고 경이롭지만
대지는 창백한 숲속에서 잠들고
지금은 고요한 공간에서
홀로 길을 가네

나는 왜 이토록 아프고 괴로운가
무엇을 기다리고 무엇을 말하려 하나
그 이름 때문인가
가을이 홀로 길을 가네.

선유도에 사랑이 말없이 넘쳐흐른다

노을이 머무는 자그마한 섬
수목들이 사열한다
푸른 침묵이 그들을 지휘한다
햇살이 모질게 내리쬔다
열사에 목말라하던 잎사귀들
대열에서 이탈하여 물기 없이 아우성이다

잠시 성장통을 앓고 난 수목들
너스레 하며 꽃을 피운다
묵직한 열매 맺을 땐
잔가지 마디마디 아리는 산고를 겪을 게다
나비가 떨리는 몸짓으로 위로하지만
선유도는 아무 일 없듯 그저 한강만 바라본다.

어머니의 그리움

한 번도 사용하지 않던 슬픔이
지상에 남아 있어
별을 바라볼 수 있게 되었다

남아 있어야 하는 사람이
별을 향해 소원을 비는 것은
과오에 대한 뉘우침과
과분함에 대한 감사이니

이제는 아시겠는가
시시했던 순간까지
지상에 그리움이 돋아나
서투른 고백을 하는 까닭을.

기억 속에 남겨진 가족사진

세상 텃밭에서 한 걸음 물러나
석양의 노을을 바라보며 현관 버튼 키를 누른다
아무도 없는 텅 빈 공간 한 켠에
꽉 채워진 진열장 가족사진이 나를 바라본다

아득한 기억들이 뒤덮여 비틀거리고
짐짓 못 본 척 지나가다
어느새 멍하니 응시하는 나를 발견하고 서글퍼진다

실타래 올올이 풀려나가는 기억들
삼 년 전 돌아가신 아버지 얼굴
고운 연분홍빛 한복 곱게 차려입은 아내
검정 코트 나비넥타이를 맨 꼬마 신사 아들과
유럽풍 레이스가 달린 원피스를 입은 막내딸
추억의 가족사진이 커다란 스크린으로 펼쳐진다

흩어진 시간 속에 맴돌다 은하수에 스미던 너는
한때는 별 네 개를 단 계급장이었다
큰 별 하나가 질 때 너의 어깨는 가벼웠을지는 몰라도
별똥별의 눈물은 세상의 비로 흘러내렸고
청춘의 어깨가 무거울 때마다
뿌리 깊은 나무의 작은 별들은 알알이 익어갔다

네모진 꽃밭에 피어오른 향기는
청춘이었고 사랑이었고 눈물이었다
이제는 되돌릴 수 없는 추억을 구기며 삼키려고 했지만
이십 년 전 세월을 발견하고 나는 울어버린다
한참을 비우고 비워 허무해진 그 안에 한마디 새겨 넣는다
난 널 사랑했다
이것은 고백이라기보단 기도에 가까운 한마디.

바람이 보낸 선물

뜨거운 햇살이 내리쬔다
멍구(犬)의 호흡이 뻣뻣해진다

나비의 몸짓은 굼뜨고
풀잎은 땅에 살을 묻고
바르르 괴로워한다

바람이 선물을 내민다
멍구(犬) 털이 춤을 춘다
나비도 꽃과 사랑을 나누고

풀잎이 선물을 껴안는다
바람이 보낸 선물이다.

오이지로 여름나기

엊그제 묵은김치를 비워 놓았건만
여독이 가시기도 전에
오이는 잠자는 항아리를 깨운다
너의 몸이 연하여
짧게 사라질 운명인 줄 알았지만
수많은 별에 엉겨 붙어 어둠을 익히며
제 삶이 어떤 것인지 묵언수행이다

햇살 푸지게 담던 날
까칠했던 마음은 무뎌지고
물컹한 살은 근육질로 변해
황금빛으로 물들이겠지
세월을 풀어 만든 그 향기
항아리에 갇힌 돌덩이 무게에서
울 엄니 생각이 모락모락 피어오른다.

3월에 바람이 불면

아직도
봄은 허약한가 보다
이따금
한 뼘 볕이 찾아와
아지랑이 고여놓지만

언제쯤
고운 꽃망울과
여린 잎을 살찌울까
아직도
두 계절이
동거하고 있다.

봄날의 외출

대추

연둣빛 미소가
통통한 몸짓으로
몇 방울 볼깃살을 적신다

얼마 지나
짱짱하던 그 미소
내 곁을 떠나 말라가도

함께 했던 붉은 자국 남아
구깃해진 마음
어떻게 해야 하나
벙찐다.

겨울 바다의 포옹

모래 알갱이
드넓은 백사장
굴곡진 추억 몇 줌을 보탠다

그리움의 모래성
볕 안 드는 구석진 응달에
고이 쌓아 놓고
한 발짝 뒤 너르게 펼쳐 보면

한 움큼 기억을
누군가 쥐고 있다
이제껏 보지 못한 영롱한 색채들.

고추잠자리

무궁화꽃이 피었습니다
꼬마 아가씨
가련한 롱다리

빨랫줄 붉은 곡예사
명주 망사꽃
맴도는 파란 눈

자꾸만 멀어진
엄마의 낮춰진 손끝
구세주 싸리 빗자루

장대 위 소줏대
네 개의 작은 꽃잎이
가을 하늘과 하이파이브.

여름과 가을 사이

온난화

도마 위의 고등어 한 마리가
흔들어대는 칼 꼬리를 붙잡고
무더운 빈집을
여름 내내 지키고 있다
얼어있는 바다
상어의 이빨을 보며
금방 사라질 운명인 줄 알았지만

엉성하게 굳어버린 갯벌 위에서
목말라 하는 두툼한 살결
손톱으로 긁어 아파하고
비린내가 빠져나간 핏기 없는 껍질은
작은방 창틀을 넘지 못해
어쩔 수 없이 마르고 있다.

소나기와 붕어빵

비가 오는 날이다
나의 한 손을 구속하며
삐뚤빼뚤 쏜살같이 내린다
우산 끄트머리에서
무슨 말을 하고 싶은 것인지
우물쭈물 설움이 내린다

나란히 누운 붕어빵 앞에서
촉촉이 젖은 낯선 이의 어깨 위로
마음을 기다리는 연인의 눈빛이 내린다
몰인정한 낙수 소리는
가녀린 풀잎 한 장조차 받아주질 않고
엉겨 붙은 바짓단만 발에 채이네.

봄 산책

귀퉁이가 부서지는 아침
투명한 연기는 타오르고
이끼 낀 돌멩이는 도랑의 울음을 달랜다
조용해진 물속을 쓰다듬다 보면
커다란 나무는 죽은 척 일어나지도 않지

촘촘한 계단을 크게 오르다 보면
땅속에 접힌 햇살은 힘 있는 바람에 떠밀려
지붕 있는 담장 한 켠에 머물 때
다 헐어버린 신발 자국에서
어느새
이파리가 없는 꽃들이 피고 지고 있다.

솔밭의 아침

신령이 머무는 곳

장군은 마을을 떠나고 싶었으나
먼 산이 찾아오니
어귀에 몸통을 꼿꼿이 세워
관모를 쓰고 천하를 호령하며
힘센 눈으로 치열하게 살펴본다

지상에 머물다 바람이 찾아오면
움직이는 고체들의 욕망과 맞서고
지하에서 맨몸으로 어둠과 맞서다 보면
두 수직의 기체는 수호신이 된다

용마루 언저리에 저승 벌판 바라보던
그 큰 눈알이 얼마나 떨렸을까
아직도 두 장승이 하늘과 땅 사이에서
신을 감시하고 있다.

바람이 불면 억새꽃이 핀다

봄이 와도 꽃 피는 것 함께 볼 수 없고
가을 와도 꽃 지는 것 함께 애달파 할 수 없네
그리운 어머니는 내 기억 속에 아련한데
너만이 외로이 세월 바람에 흔들리는구나

창포꽃 피는 것을 보았느냐 텃새야
동백꽃 지는 것을 보았느냐 박새야
바람 타고 하늘 올라가려나 억새야
세상 밖 꽃 되어 한 맺혀 울부짖고 있구나

보랏빛 하늘 담고 마지막 계절 홀로 남아
서리 바람 맞을 때 허연 상모가
은빛으로 물 들으면 솜털 따듯한
어머니의 품속을 바람아 너는 아느냐.

봄은 경계하지도 않고 비장해지지도 않는다

꽃은 너에게
고운 빛깔로 인사를 건넨다
햇살과 양분을 주고
이별을 고할 때
꽃은 더 이상 매달리지 않았다

애초에 햇살과 양분을 주는 이유가
무엇이었는지 묻지 않고
오히려 바람에 꽃잎을 떨어뜨린다
침묵의 소리로 걸어오는 봄
저 많은 초록을 다 어디에 쓰려나.

수국의 외출

여진을 기다리는 과꽃

밤이슬에 서리꽃 핀다
서러운 옷깃을 높게 흔들고
침묵한 푸른 줄기 위로
바람 되어 흘러라

허락 없이 눈물 꽃 핀다
마디를 잘라 첫 숨을 들이시고
비집고 올라선 영근 자리 위로
핏빛 되어 흘러라

어둠이 떠난 불빛 끝에 꽃이 핀다
새롭게 찾아온 정열은
거룩한 입술을 태우며
붉은 내 마음 흘러라.

단칸방의 행복

스산한 바람 소리
옷깃을 흔들며
진한 어두움 휘몰아칠 때
어디선가 창가에 주홍빛 하나

발걸음 멈추고
그곳을 바라보며
진한 향수를 담는다

한 사연 한 사연 아름다운 소음들
저녁 밥상에 올려놓고
그 향기 입 맞출 때
이 내 걸음 저 가로등에 걸렸네

들꽃의 생각

꿋꿋하게 박힌 바위
천년만년 볼 수 있을 거라 생각했네

어느새 세월 맞아
옛 모습 찾아볼 수 없고
그마저 온데간데없으니
외로운 들꽃만 바람에 치누나

어이할까 어이할까
소중했던 그 바위
슬픔에 못 이겨
그리움만 가득 피어나네.

제비꽃

수선화는 아파도 아름답다

밤에 바다를 건너온
미혹한 햇빛은
눈빛이었고
침묵의 계곡을 지나
목에 걸린 바람은
눈물이어라

척박한 틈바구니를
비집고 올라온
노란 별이 너였구나
시린 순정에
몸살로 앓아버린
섬 색시가 너였구나.

수선화

산수유꽃 필 때면 그리움도 핀다

산수유꽃 피는 그 자리는 언제나 따뜻했습니다
당신의 그리움이 온전히 느껴지는 체온으로
매일매일 나를 산란 시켜 주시기 때문입니다

꼭두새벽이면 쥐대기 옷 입으시고
천근만근 지친 몸 추스르시며
귀한 자식 굶길세라 주름진 얼굴에
추운 바람 맞으며 아궁이에 의지하고

산 귀퉁이에서 해 질 녘까지
구부러진 허리 한 번 펴 보질 못하시며
그저 하늘을 외면한 채
흙에 살 묻히며 비지땀 흘리십니다

기울어져 간 우리 집 살림살이에
깊은 밤에도 잠 잊으시고

자식 위해 삯방아 삯바느질하며
고목처럼 버텨내시고

당신의 눈꺼풀은 무겁고 침침해도
힘든 표정 없이 거칠고 오그라든 투박한
열 손가락만 자랑하십니다

어느덧 세월 흘러 그 시절 마주하니

꼭두새벽이 이렇게 이르고 고된 줄 몰랐습니다
구부러진 허리가 이렇게 뻣뻣하고
고통스러운 아픔인 줄 몰랐습니다
무겁고 침침한 눈꺼풀이
이렇게 눈물이 날 줄 몰랐습니다
거칠고 오그라든 열 손가락이
이렇게 보기 흉할 줄 몰랐습니다

아궁이 불빛에 비친 고운 얼굴은
이제 어디에서 볼 수 있을까요
여리고 여린 열 손가락은
언제 다시 만져볼 수 있을까요

동이 트는 오늘도 당신의 노오란 체온으로
나를 산란 시켜 주십니다
석양이 지는 오늘도 당신의 그리움이
나를 포근히 품어주십니다

산수유꽃 피는 그 자리는
그래서 언제나 따뜻하고 향기롭습니다
그리운 내 어머니.

*어버이날을 맞이하면서
우리가 살면서 때론 외면하고 싶었던 지난 기억들이
부모님의 그리움과 대면하며
부모님의 삶과 자식의 삶이 맞닿아 있다는 것을
새삼 느끼게 됩니다

부모님의 눈물은 자식을 위해 흘린 눈물이었고
부모님의 기도는 자식을 위한 기도였다는 것을
아름다운 이 봄날 어버이날을 맞이하여 다시 한번 고백합니다.

벤치에 앉은 가을

간밤에 첫서리 내려
길손 옷깃에 찬 기운 스며들어
낮 이슬 가을 벤치에 올려놓으니
찬 바람 바삭바삭 단풍잎만 드높다

사립문 밖 연못가에 섰노라니
물가에 비친 햇덩어리 홍시 되어
석양에 띄어 놓았네.

4장

감각에서 영혼으로

옮아가는 침묵의 시기를

쓸 수는 없나이까

나이테의 상처는 아픈 축복이다

그토록 멀찍이서 바라보던 내가
옆으로 단 한 걸음 쉬이 내딛지 못했던 것이
왜 그리도 커 보였다고 말했던가
아-- 아--
같은 풍경에 서 있지만
너무나도 달랐던 우리들의 초상이여!
그대의 떠올림은 아픈 축복이다

삶의 빛을 수평으로 끌어안으며
어두운 자신 속에서 죽음을 빈틈없이 채우고
찾을 수 없는 상처를
그 속에서 발견하고자 했음이라
허나 껍데기만 남아 있는 지금의 영혼들이
피범벅이 된 순례자로 보이는 것은
나이를 옆으로 먹는 옹이의 울부짖던
무늬가 그립기 때문이다.

새 날 새 아침

하늘에 태양이 떠오를 때
그대 내게로 왔구나
빛깔 진한 아픈 이전 것은 보내고
하늘거리는 꽃잎 같은
즐거운 새것을 맞으리.

새 날에는
거룩한 흠 없는 사랑 안에서
새로운 인연을 만날 것만 같은
설레임 속에서
깊은 내 영혼 여명에 띄우리라.

몽돌의 소원

훔쳐먹는 생명은 누구의 것인가요

이 땅에
가엾게 사는 사람들이
들판을 할퀴고
짐승의 길을 지우고
강물을 쇠줄에 꽁꽁 묶고
죽음을 경험하지 못한 생명을
매일매일 훔쳐먹으며
녹슨 핏물을 보전하느라 아우성이다

당신 가슴엔
생명 우리에서
울음 부스러기 소리가 들리지 않나요
우리의 육신을 마르게 하는 이 몸은
누구의 것인지
누구의 것이 누구인지.

기억이 나를 본다

꽃이 피자 나는 외로웠다
꽃이 아름다웠기 때문이다

꽃이 지자 나는 괴로웠다
꽃이 슬퍼 보였기 때문이다

꽃이 피자 나는 두려웠다
꽃이 지는 것을 기억하기 때문이다

얻는 것과 잃은 것 사이에
나의 모자란 기억에 죄가 있다.

향기로운 불빛은 영혼을 깨운다

어두운 강 수변 사이로
바람이 잠을 잔다
백로의 애틋한 사랑 고백에도
하이얀 초승달은
구름 품어 잠을 잔다

어디선가 들려오는
나지막한 숨소리
녹죽의(綠竹) 울음인가
나방들의 몸부림인가

은밀하게 찾아온 고독은
불빛의 그림자로 사라지고
안갯속에 찾아온 신기루는
그대의 심장인가 나의 영혼인가
생명의 비밀을 품은 채
향기로운 불빛이 내게 다가온다.

추억

하늘은 절대 다투지 않는다

하늘의 밝음이
햇빛으로 다가와
모든 만물이 따스함으로
생명은 춤을 추고

하늘의 어둠이
달빛으로 다가와
별들이 아름다움으로
온 세상을 비추고

밝음은 어둡지 않고
어둠도 밝지 않아
밝음과 어둠이
서로 대하지 않는다.

물음과 염원

죽음 주시려고 생명 주셨습니까
육신은 죽이시되 영혼은 살리소서

슬픔 주시려고 기쁨 주셨습니까
견딜 만큼 슬픔 주시고
슬픔을 잊어버릴 만큼 기쁨 주소서

이별 주시려고 만남 주셨습니까
영원한 이별은 주지 마시고
이별 없는 만남을 주소서

악행 주시려고 선행 주셨습니까
악행은 존재케 하지 마시고
선행만 존재하게 하소서

병 주시려고 약 주셨습니까
병도 주지 마시고 약도 주지 마소서.

하늘에 피는 별꽃

세상과 다투지 아니하는 밤은
그대를 데려가
작은 별꽃 사이에 심으니
그 빛이 먼저 도착해
그대 맘이 나를 기다리는구나

그러므로
사랑을 얻었고
미워하는 마음을 버렸으니
나 세상과 다투지 않으리.

8월의 은하수

거울 속에 내가 믿는 신이 있다

사물의 편에서
마음을 비추니
가난한 내가 보여
마음 없는 사물이 되고

사물이 부풀어
뾰쪽한 내가
사물에 찔려
일그러진 모습
거울 속으로 보내면
사물 없는 마음으로 비친다.

생명의 미션

축복의 사용법을 몰라 죄가 되고
무작위로 방출된 인간 복제가
재앙이 되는 이유가 있다
목에 사과가 걸린 아담이
그 시린 한기에 앓아누웠기 때문이다

우리가 최후에 닿을 곳은
사용 설명서에 나온 유효기간이 있는 육신과
우주 콘텐츠에 진리의 센서로
목숨을 요구하지 않는
영혼의 프로그램 그 영원한 곳.

그날

구름은 하늘을 가리고
바람은 세상을 가리니
어찌 만물이 피곤하지 않겠는가
해 아래 영원한 것 없고
모든 것 고정되어 있지 않으니

그날에는…
구름은 연기와 같이 사라질 것이고
바람 역시 그물에 걸리게 되리니
하늘에 새로운 빛이 비칠 것이고
온 세상은 아름다울 것이며
우리의 영혼은 춤을 출 것이다.

신의 힘과 기도 속에서

오늘 하루
삶의 무게보다
입술의 무게를 더 무겁게 하소서

육체와 육체가 실망하고
슬프게 헤어지지 않게 하소서

많은 아픔이 풀려나와
사물이 굳어지지 않게 하소서

오! 신이시여
감각에서 영혼으로 옮아가는
침묵의 시기를 쓸 수가 없나이까.

파괴와 창조의 뿌리는 같다

파괴된 봄이 인공 태양 아래서
살려달라는 애원에 시달리고 있다
새싹처럼 피어나는 거짓말들
눈부신 만큼 아파했을 것이다
저 멀리 개들이 짖고
새와 나비 벌레들 날게 하거나
노래하게 하면서

연둣빛 봄이 아름다워
더 살아봐야겠다고
밤마다 액정을 손바닥으로 닦아보지만
흠 있는 액정 속에
두개골이 남아있는 것은
새롭게 잉태한 운석의 모습이다.

별 이야기

육체와 육체가 슬프게 헤어질 때

슬픔이 슬펐을 때
기도는 기도를 해요

눈물이 눈물을 흘릴 때
기도는 기도를 해요

이별이 이별을 할 때
기도는 기도를 해요

아~어찌하여
이렇게 많은 아픔이 풀려나왔습니까
당신의 아버지는 누구였습니까?

베풂

가진 자가 없는 자에게 베풀기도 어렵지만
없는 자가 가진 자에게 베풀기는 더욱더 어렵다

그러므로 가진 자가 없는 자에게 베푼다는 것은
부모가 자식한테 베푸는 것이요
없는 자가 가진 자에게 베푸는 것은
자식이 부모한테 베푸는 것이다

베풂은 신의 따듯한 선물이며
인간이 가지고 있는 최고의 선물이다.

오래된 집 안에서

너희가 닿으면
사물의 입은 굳어지고
자율신경이 거미줄에 매달려있다

텅 빈 집 나무 한 그루가
벽에 걸린 빈 액자에 묶여
초원을 그리워한다

나는 수백 번 기도했다
구렁이가 날아오르기를

땅속은 이미 모든 색이 빠져나가고
오로지 흑백만이 남아

회색 바람은 세상이 연해질 때까지
사람 흉내를 낸다.

5장

흑백은

모든 색이 다 빠져나간 뒤에도

남아있으려는 마음

고통은 아픈 축복이다

Me, too

그것은
일순간에 지진이었다
일순간
나의 모든 것을 흔들어 놓고
철저하게 흔들어 놓고
다시 일순간에 사라져 버렸다

살아서도 죽어서도
그 잔상을 지우지 못하고
이제 나는
벌거벗은 채 남아
수많은 여진을 두려워한다.

고요한 외침

길가에 핀 들꽃이여!
나약한 오늘을 받아들이지 마라
내 피를 다그쳐 눈물 쏟아내도
저무는 태양에 소리쳐 저항하리라

못다 핀 꽃송이 마지막 하루가
거센 이들의 덧없는 행적이
얼마나 거칠게 파괴될까 하여
분노하고 분노하리라

아침 뉴스로 굶주린 시선을 채우지만
그들의 언어는 이미 시들었고
누군가 주눅 드는 목덜미 잘려 나가니
어느 왕조의 유물이 이다지도 욕될까

그 슬픔 높게 솟은 꽃봉오리
성난 눈물이여!
길가에 핀 들꽃이여!
나약한 오늘을 받아들이지 마라
분노하고 분노하리라.

한 송이 꽃이 되어

저 슬픔 높이에 있는 순수한 밤을
받아들이지 마시오
가장 외로운 곳에서
명랑할 수 있음을 깨닫게 하시오

반도의 날개 찢겨 험한 구름 끝에서
영혼의 바람 떠돌 때
거센 태양을 붙잡아 노래할까 하오

새벽을 이기지 못한 꽃송이여
엄숙한 축복의 죽음 앞에 마주할 때
추락한 눈먼 시선으로 울지 않으리오.

겨울밤의 이야기

망향가

나 고향이 있소
고향에 가본들 무엇하리
아부이 길 잃은 주름도
어무이 소매 끝자락 눈물 자국도
갯강에 흘려보냈거늘

나 고향이 있소
갈 수 없는 고향은 무엇하리
반기는 그림자도
기다리는 풍경조차
분단의 세월은 이토록 숨겨 있건만

나 고향이 있소
철조망 넘어 가물거리는
산등성이 바라보다
옛날만 자꾸자꾸 찾아오니
내 청춘 언제 꽃답게 죽으랴.

이름 없는 풀꽃 (위안부의 통곡)

찢기지만 않았더라면

꽃은 피어나고

짓밟히지만 않았더라면

그 자리 다시 싹을 피워

당신의 꽃이 되었을 텐데

오늘도 모진 바람에 몸을 숙인다.

풀잎

흔들리지 말아라
바람이 낸 상처
한 줄기 살갗이 찢겨나갈지라도

슬퍼하지 말아라
빗방울이 낸 상처
이슬의 눈물 흘릴지라도

괴로워하지 말아라
발길로 차인 상처
불청객에 짓밟힐지라도

쓰러지지 말아라
생명을 다할 때까지
아직 풀 향기가 남아있으니.

아침 이슬

그림자 전쟁놀이

초콜릿 D.M.Z
철조망 사이 얼음과자
키보드 판이 우지지직
아이들 간식이 옥수수 파편이다
비니비니~ 바나바나~
무장된 오르간 소리
고양이 하얀 깃발
지붕은 간격을 띄우고
높이 솟구친 굴뚝은 제복을 벗는다
햇볕이 초콜릿을 소환한다.

평양과 포장마차

짧게 사라질 시간
평양에서 남과 북이 함께 공연하고
엉성한 나무 탁자 위 술병들
속 채워질 때까지 돌고 돈다
대동강 얼음판
케이팝 아이돌 숨 부딪치며
사르르 훙과 함께 녹아버린다

포장마차 박수 소리
손가락 움켜잡고
유리잔 술 높이 가두니
이제 추락하는 일만 남았다
액자에 붙은 메뉴판
긴장을 뚫고 들어가 내 자리 내놔라
그 무엇이든 주문을 외치지만
서로의 입속을 방부해 버린 혀로
쓰디쓴 평화를 마신다.

끝맺는 시

신비로운 이 세상 너머의 빛
그의 세상은 그 누구와도
닮지 않은 하나뿐인 영혼이었다
그는 어떤 그림자도
결코 가릴 수 없는 찬란한 빛이었다

사람들은 그를 별나다고 말했으나
그의 눈빛은
별의 강을 건너 바람과 대화했고
그의 걸음마다 꽃이 피었고
그의 침묵은 수많은 노래보다
깊게 세상의 심장을 울렸다

평범한 날들은 그를 담지 못했고
시간조차 그를 가두지 못했다
그는 단순히 살아 있지 않았다
그는 하나뿐이었고
그는 비범했다.

무제

사진 작가의 글

 오랜 시간 언어를 다듬고 마음을 담아내신 선배님의 시집 출간을 진심으로 축하드립니다. 그 뜻깊은 여정에 사진으로 함께할 수 있게 되어 무척 영광이고, 감사한 마음이 큽니다.

 제가 담아온 풍경과 자연의 순간들은, 말없이 피어나고 스러지는 것들에 대한 존경이자 사랑의 기록입니다. 언어로 그려진 시의 세계와 빛으로 남긴 사진의 조각들이 이 한 권 속에서 조용히 마주하며 누군가의 마음에 작은 울림으로 스며들기를 소망합니다.

 저 역시 긴 시간 취미로 사진을 찍으며 많은 이들과 자연을 함께 바라보고 나누는 기쁨을 누려왔습니다.

이 작은 작업이 선배님의 시와 어우러져 더 따뜻한 온기로 다가간다면 더할 나위 없이 기쁠 것입니다.

  귀한 자리에 초대해 주셔서 진심으로 감사드리며, 앞으로도 선배님의 시가 더 많은 사람들에게 깊은 울림으로 전해지길 응원합니다.

2025년 8월

사진작가 임상길

| 評說 |

영혼靈魂을 관통하는 문학적 지평
유충구 시인의 시 세계

다울 최병준 시인·문학평론가
문학·공학·신학박사 | 서울시인대학 학장

Ⅰ. 들어가며 | 시로 만난 유충구 시인

유충구 시인님의 『별 나 다』 상재를 진심으로 축복 축하합니다.

문학사의 전개 속에서 한 시인을 만난다는 것은 단순히 한 편의 시를 읽는 차원을 넘어선다. 그것은 마치 한 시대의 감수성을 집약한 한 점의 결정체를 만나는 일이며, 동시에 그 시인을 둘러싼 삶의 궤적과 시대정신을 함께 체험하는 일이기도 하다. 유충구 시인은 그러한 만남 속에서 독자에게 깊은 울림을 주는 존재다. 그의 시는 단순한 언어의 나열이 아니라, 인간

실존의 근원에 다가가려는 탐구이자 시대와 공동체에 대한 외침이기 때문이다.

유충구 시인의 시 세계를 접하는 순간, 우리는 한 개인이 겪어낸 상실과 회복, 절망과 구원의 길을 동시에 마주한다. 그는 삶의 모순적 장면을 단순히 관찰하거나 묘사하는 데 그치지 않고, 그것을 통해 궁극적으로 인간이 도달해야 할 영적 지평을 모색한다. 이러한 태도는 전통적인 서정시의 틀을 존중하면서도, 그것을 넘어선 현대적이고 실존적인 물음을 던진다.

본 평설은 유충구 시인의 작품을 네 개의 층위로 나누어 탐구하고자 한다.
첫째, 시인과의 만남에서 드러나는 그의 문학적 태도와 정신을 짚어보고, 둘째, 제목 속에 숨겨진 상징적 의미들을 분석하며, 셋째, 시를 통해 드러나는 외침의 본질과 문학적·영적 함의를 살펴보고, 마지막으로, 그의 시가 결국 바다와 세상으로 확장되는 개방성과 영속성을 어떻게 획득하는지 평설한다.

이러한 구조를 통해 우리는 유충구 시인의 시 세계를 단순한 미학적 성취 차원을 넘어, 인간과 시대, 그리고 영혼을 관통하는 하나의 문학적 지평으로 이해할 수 있을 것으로 판단된다.

II. 제목에 숨겨진 비밀들

시에서 제목은 단순한 표식이 아니다. 제목은 작품 전체의 정수(精髓)를 응축한 알맹이이자, 시인이 독자에게 미리 건네는 암호와 같다. 유충구 시인의 시편 제목들은 그 자체로 기호이며 상징이다. 마치 시의 본문이 바다라면, 제목은 그 바다에 이르는 항구와도 같다. 독자는 그 제목을 통해 시의 세계로 들어가지만, 동시에 제목에 담긴 다층적 의미망에 의해 시적 해석의 방향을 안내받는다.

유충구 시인의 시 제목들은 결코 단순성을 의미하지 않으며, 다의적 긴장이 숨어 있다. 겉으로는 단순한 일상, 사랑, 가족, 역사적·사회적 경험 등 주제를 담고 있지만, 제목 속에 시인이 은연중에 심어놓은 '숨겨진 비밀'이 몇 가지 층위에서 드러난다.

1. 개인적·내적 성찰과 성장

"*시인으로 가는 길, 내가 잡고 있었던 것들, 슬픔이 모자란 후회, 나의 신성한 청춘이여, 꿈은 일어서야 보인다*"에서 시인은 자신의 내면적 성장, 삶의 선택, 청춘과 꿈에 대한 성찰을 제목에 담아놓았다. 이것은 단순한 경험 나열이 아니라, '자기 발견'과 '시인으로서의 길'이라는 메시지를 은유적으로 표현하고 있다.

"*무엇이 있다가 사라진 자리, 일상이 수척해져서, 더하기 빼기가 너무 어렵습니다*"에서는 삶의 무상함, 존재의 허무, 일상의 난해함을 상징적으로 드러내고 있으며, 평범한 문장 같지만, 삶과 시 쓰기의 근본적 문제의식을 담고 있다.

2. 사랑과 그리움

"*무지개 사랑, 사랑비 1·3, 별이 지면 너도 그립다,

사랑의 비밀, 첫사랑, 사랑의 간격, 재회, 이별 기차는 기적을 울리지 않는다"는 사랑의 다양한 층위를 제목으로 구현, 사랑과 그리움, 재회와 이별의 감정을 압축하고 있으며, 제목 속 수사적 장치(숫자, 시간, 자연현상)를 통해 감정의 깊이를 은유적으로 제시하고 있다.

"그리움의 기도, 눈꽃 그리움, 사랑은 이별을 꿈꾸지 않는다, 꽃향기가 날 것 같은 당신입니다"는 단순한 감정 표현이 아니라, 시적 이미지로 감정의 공간과 시간을 확장하고 있으며, '그리움'과 '기도'를 연결하여 사랑과 신성한 감정을 동시에 상징화하고 있다.

3. 가족과 기억

"아버지와 곰탕, 어머니의 그리움, 기억 속에 남겨진 가족사진, 선유도에 사랑이 말없이 넘쳐흐른다"는 가족과 일상의 소소한 순간을 제목으로 포착하고 있으며, 평범한 소재 속에서 정서적 깊이와 역사적·문화적 맥락을 은유하고 있다.

"단칸방의 행복, 벤치에 앉은 가을, 산수유 꽃 필 때면 그리움도 핀다"는 일상의 풍경을 통해 가족과 삶의 기억을 투영하고 있으며, 시간의 흐름과 장소를 통해 감정과 기억을 정서적 장치로 사용하고 있다.

4. 존재, 생명, 철학적 성찰

"나이테의 상처는 아픈 축복이다, 훔쳐 먹는 생명은 누구의 것인가요, 거울 속에 내가 믿는 신이 있다, 생명의 미션"은 인간 존재와 삶, 생명의 의미를 제목에 녹이고 있으며, 자연과 신 그리고 윤리적 질문을 결합하여 시인의 철학적 세계를 함축하고 있다.

"물음과 염원, 그 날, 신의 힘과 기도 속에서, 육체와 육체가 슬프게 헤어질 때"는 질문과 염원, 죽음과 삶의 경계, 신앙적 성찰이 은유로 드러나고 있다.

5. 역사·사회적 의식

"고요한 외침, Me, too, 망향가, 이름 없는 풀꽃(위안부의 통곡), 그림자 전쟁놀이, 평양과 포장마차"는 사회적 사건, 역사적 트라우마, 정치적·젠더적 의식을 제목에 투영하고 있으며, 단순 사건 나열이 아니라, '목소리를 잃은 존재'를 상징적으로 드러내는 시적 장치로 승화시키고 있다.

짧은 문장 속에 사건·감정·철학·역사가 응축되어 있으며, 사랑, 가족, 생명, 역사, 사회적 경험이 직접적 표현이 아닌 상징과 메타포로 드러나고 있다. 또한, 과거·현재·미래, 일상과 비일상, 현실과 상상을 한 제목 안에서 시간과 공간을 절묘하게 중첩 시키고 있다. 사랑과 그리움, 존재와 철학 및 역사적 의식을 각 제목마다 균형 있게 배치하고 있다.

Ⅲ. 시를 통한 외침

시란 무엇인가? 그것은 단순한 서정적 감정의 토로가 아니라, 인간의 내면과 시대의 현실을 관통하는 외침이다. 유충구 시인의 시는 바로 이 외침의 차원을 강하게 드러낸다. 그의 외침은 단순히 개인적 아픔의 호소가 아니라, 인간 실존과 시대정신을 담아낸 외침이다.

첫째, 그의 외침은 실존적이다. 유충구 시인은 인간이 겪는 고통과 상실을 회피하지 않는다. 그는 그것을 직시한다. 그 고통은 사랑의 부재, 상실의 절망, 사회적 억압 등 다양한 얼굴로 나타난다. 그러나 그는 거기서 멈추지 않는다. 오히려 그 절망 속에서 다시금 삶을 긍정하고, 영원을 향한 갈망을 외친다.

그의 시적 외침은 "나는 쓰러지지 않겠다"는 저항이자, "나는 끝내 바다로 나아가겠다"는 희망의 선언이다.

둘째, 그의 외침은 공동체적이다. 유충구 시인의 시에는 언제나 타인의 고통에 대한 연대가 자리한다. 그는 홀로 울지 않는다. 그의 눈물은 타인의 눈물과 연결되고, 그의 목소리는 억눌린 이들의 목소리와 겹쳐진다. 이 점에서 그의 시는 단순히 개인의 서정시가 아니라, 시대의 증언시(證言詩)이자 공동체적 노래라 할 수 있다. 그는 자신이 속한 사회와 역사 속에서, 억압받는 자와 함께 울고, 함께 노래한다.

셋째, 그의 외침은 영적이다. 유충구 시인의 시적 언어 속에는 초월적 세계에 대한 갈망이 스며있다. 그것은 단순히 종교적 신념에 한정되지 않는다. 오히려 그는 인간의 언어와 이성을 넘어서는 '절대의 차원'을 향해 나아간다. 그곳에서 그는 바다를 꿈꾸고, 바람을 부르며, 눈물을 흘린다. 그의 외침은 곧 인간이 잃어버린 영적 본향을 향한 귀향의 노래이다.

이렇듯 유충구 시인의 시를 통한 외침은 개인적·공동체적·영적 차원을 아우르며, 독자에게도 동일한 울림을 건넨다. 우리는 그의 시를 감상하며, 단순히 '그의 고통'을 목격하는 것이 아니라, '우리의 고통'을 재발견하고, '우리의 희망'을 다시금 불러낸다. 대표적인 몇 편의 시를 감상해 보자.

> 기발한 문장들이 심장 속에 이르러
> 꽃의 빛깔들이 강력한 중력에 빨려 들어가
> 머물면 머물수록 별빛으로 변하여
> 나에게로 쏟아진다.
>
> －『시인으로 가는 길』의 일부

"기발한 문장들이 심장 속에 이르러"는 시어와 감각의 결합을 보여 주고 있으며, 문장들이 단순한 글이 아니라, 심장이라는 신체적 공간 안으로 침투하는 느낌으로 표현되어, 시적 몰입의 강도를 높이고 있다.

문장이 공간적·심리적 중심으로 들어오면서 독자는 시 속 화자의 내적 체험과 동화되며, 시어가 '물리적 힘'을 갖고 있다는 감각은 시적 세계를 입체적·현장감 있게 만든다.

"꽃의 빛깔들이 강력한 중력에 빨려 들어가"는 시적 공간의 중심을 설정하고 있다. 꽃빛이 단순히 시각적 이미지로 머무는 것이 아니라, '강력한 중력'에 의해 끌려 들어가는 것으로 표현되어, 시 속의 세계가 하나의 물리적·정신적 공간처럼 느껴진다.

입체시 관점에서, 시인은 시적 공간 안에서 중력의 중심으로 독자를 끌어당기듯, 마음속 심장과 감각을 시적 사건의 중심으로 모은다. 꽃빛의 중력은 시적 영감, 혹은 시인이 걸어가는 시인의 길 속 창작의 필

연적 힘을 상징한다.

"머물면 머물수록 별빛으로 변하여 / 나에게로 쏟아진다"는 시간의 흐름이 단순하거나 직선적이지 않고 누적적·변환적으로 표현되고 있다. 꽃빛이 머물수록 별빛으로 바뀌고, 시적 화자의 경험 속으로 쏟아지는 장면은 동시성과 연속성의 결합을 보여 주고 있다.

입체시적 시점에서는, 현재의 감각과 미래의 변화가 승화되며, 독자는 시적 체험을 한 순간에서 여러 층위로 느끼게 된다. 별빛으로 변하는 과정은 단순한 시각적 이미지가 아니라 시간과 감정이 결합한 시적 사건으로, 독자에게 시적 '체험적 몰입'을 유도한다.

이 시는 단순히 '꽃빛과 별빛'이라는 이미지의 나열이 아니라, 공간·시간·심리·상징이 겹쳐진 입체적 시적 경험을 선사한다. 시인이 말하고자 하는 '시인으로 가는 길'은 단순한 물리적 여정이 아니라 감각과 마음이 교차하는 창작의 심층적 체험임을 독자에게 강하게 전달한다.

푸르게 서 있는 눈 덮인 구상나무 옆에
그대에게 보낼 집 한 채
크리스마스 카드에 담으면
풍경은 파노라마처럼 흘러가지만
꿈은 거기에서 끝나고
창가의 불빛은 문밖으로 나올 수가 없다
산타는 보이는데 사랑은 멀리 있어

- 『아름다운 구속 (크리스마스트리)』의 일부

"푸르게 서 있는 눈 덮인 구상나무 옆에 / 그대에게 보낼 집 한 채"에서 시적 공간은 현실적 풍경과 상상의 공간이 겹쳐진 입체적 장면이다. 눈 덮인 나무는 차갑고 고요한 현실 세계를, '그대에게 보낼 집 한 채'는 마음속 상상의 공간을 상징한다.

입체시적 관점에서, 독자는 물리적 풍경과 시적 화자의 내적 공간을 동시에 체험하며 시 속 깊이로 들어간다.

"풍경은 파노라마처럼 흘러가지만 / 꿈은 거기에서 끝나고"에서 '파노라마처럼 흘러가는 풍경'은 시간의 흐름을 느끼게 하는 시적 장치이다. 그러나 그 위에 얹힌 '꿈은 거기에서 끝나고'는 시간의 단절과 정지를 보여 준다. 현실적 시간(파노라마)과 내적 시간(꿈의 정지)이 층위적으로 형성되어, 독자는 시적 체험의 다차원을 느낀다.

"창가의 불빛은 문밖으로 나올 수가 없다 / 산타는 보이는데 사랑은 멀리 있어"에서 시적 화자는 심리적 거리와 감각적 경계를 동시에 체험한다. 창가의 불빛과 산타는 외부 세계의 존재감을 느끼게 하지만, '사랑은 멀리 있어'라는 구절은 심리적 공허감과 고립을 극적으로 부각한다.

빛과 대상, 감정과 거리가 겹쳐져 독자가 공간적·심리적 긴장을 동시에 경험하게 된다. 이 시는 겨울 풍경 속에서 마음의 공간과 시간을 입체적으로 펼쳐 감각과 정서를 동시에 자극하고 있다. 시적 화자가 말하는 '사랑과 거리', '꿈과 현실'의 승화는 독자에게 눈 덮인 겨울 풍경 속에서 내면 체험을 입체적으로 느끼는 경험을 선사한다.

그러니

넘어졌다고 쓰러지지 말아라

너와 함께 뛰어 줄 그림자는

일어서야 비로소 보일 테니.

-『꿈은 일어서야 보인다』의 일부

"넘어졌다고 쓰러지지 말아라"는 시간적 층위에서는 넘어짐과 일어섬의 순간적 대비가 드러난다. 넘어짐은 정지와 좌절을 의미하지만, 이어지는 '일어서야'라는 구절은 움직임과 미래의 가능성을 만들어낸다. 시간이 겹치고 쌓이는 경험을 통해 독자는 시 속 화자의 내적 결단과 희망을 동시에 느낀다.

"너와 함께 뛰어 줄 그림자는 / 일어서야 비로소 보일 테니"에서 시적 공간은 심리적·관계적 공간이 중심이다. '그림자'는 단순한 시각적 대상이 아니라 함께 뛰어줄 존재이며, 지원과 동행의 상징이다.

독자는 시적 화자의 몸과 마음, 그리고 그림자의 존재가 겹쳐진 공간 안에서 움직임을 체험한다. 일어서는 행위가 공간을 열고 그림자를 드러나게 하는 행위적 공간으로 변모한다. '쓰러지지 말라'와 '일어서야 보인다'는 단순한 조언이 아니라 내면 심리를 촘촘하게 드러내는 장치이다.

그림자가 '보인다'는 순간은 자신과 타인, 꿈과 현실, 존재와 가능성의 경계가 드러나는 심리적 공간이다. 독자는 시어 하나하나를 신체적·정서적 체험으로 받아들이며, 시 속 심리적 깊이를 탐험하게 된다.

이 시는 쓰러진 순간 속에서도 꿈과 동행의 존재가 드러나는 입체적 체험을 제공하며, 독자로 하여금 단순한 문장 너머 행위와 심리, 시간과 공간이 겹쳐진 경험을 느끼게 한다.

안갯속에 보이지 않던 무지개 사랑은
설익은 푸른 생각들로 가득했고
서투른 발자국은 저 너머 꽃길이 되어
노을빛으로 익어 갈 테지만
정녕 가을이 오기까지

당신의 뜨거운 그리움을
　　붉은 소낙비로 마구 쏟아부을 게다.

-『무지개 사랑』의 일부

"안개 속에 보이지 않던 무지개 사랑은 / 설익은 푸른 생각들로 가득했고"에서 시적 공간은 불확실한 현실과 잠재적 가능성이 겹친 층위로 열린다. 여기서 안개는 불투명한 현실, 무지개는 잠재적 사랑의 아름다움을 상징한다.

독자는 시 속 공간을 눈으로 볼 수 없는 층위와 심상으로 체험하며, 사랑이 피어나기 전의 미완성된 상태를 동시에 감각할 수 있다.

"서투른 발자국은 저 너머 꽃길이 되어 / 노을빛으로 익어 갈 테지만"은 시간의 흐름 속에서 서투름이 성숙으로 변화하는 과정이 드러난다. 서투른 발자국 → 꽃길 → 노을빛으로 익어감, 과정과 결과가 겹처진 입체적 시간이다.

독자는 시 속의 시간을 따라가며, 사랑과 기억이 점차 완성되어가는 감정적 궤적을 체험한다.

"당신의 뜨거운 그리움을 / 붉은 소낙비로 마구 쏟아부을 게다"에서 붉은 소낙비는 열정적 감정의 시각적·촉각적 체험을 만들어낸다. 입체시 관점에서, 그리움은 단순한 추상적 감정이 아니라 눈, 피부, 심장까지 스며드는 체험적 공간이 된다.

독자는 단순히 '그리움'을 읽는 것이 아니라, 붉은빛과 폭우의 체험을 통해 내면으로 깊숙이 침투하는 체험을 한다.

『무지개 사랑』은 안갯속 잠재적 사랑이 서서히 꽃피우고, 그리움이 강렬한 감각으로 폭발하는 입체적 체험을 제공하며, 독자가 공간·시간·심리를 모두 느끼도록 설계된 시적 구조를 보여주고 있다.

어제의 사랑은
떠오르는 태양을

기다리는 마음으로
시작하였고

오늘의 사랑은
떠 있는 태양을
바라보는 마음으로
살아가며

내일의 사랑은
태양을 태우며
늘 설레는 마음으로
완성하련다.

- 『태양은 언제나 아름다워라』의 전부

『태양은 언제나 아름다워라』는 어제-오늘-내일이라는 삼중 시간 구조로 전개되고 있다. 하이퍼시 관점에서 각각의 시간대가 단순 순서가 아니라 감정적 연속선으로 연결되어 있다.

독자는 시를 감상하며, 시간 속에서 사랑의 마음이 진화하고 확장되는 다층적 경험을 체험하게 된다. 즉, "어제 → 오늘 → 내일"은 평면적 나열이 아니라, 심리적, 감각적, 상징적 층위가 겹쳐진 시간적 입체로 확장한다.

"떠오르는 태양 / 떠 있는 태양 / 태양을 태우며"에서 태양은 시 전체의 중심 이미지이자, 사랑의 불멸적 에너지와 열정을 상징한다. 하이퍼시 관점에서, 태양은 각 시적 순간마다 다른 색과 질감을 가진 이미지로 변주된다.

어제는 기다림의 붉은빛이며, 오늘은 관조와 현실적 빛이고 내일은 열정과 폭발적 설렘이다. 각 이미지가 연속적으로 승화되면서 독자는 단일한 상징 속에서 다층적 의미를 동시에 체험할 수 있다.

"늘 설레는 마음으로 완성하련다"에서 시는 사랑의 심리를 단순한 순간이 아니라, 시간과 공간을 가로지르는 흐름으로 확장한다. 하이퍼시는 이러한 심리적 시공간의 확대에 주목한다. 독자는 "설레는 마음"을 단순한 감정으로 읽는 것이 아니라, 어제·오늘·내일의 태양과 상호작용하며, 체험하는 감정적 입체 공간으로 느끼게 된다.

하이퍼시는 동작의 연속성과 감정적 완성을 시각적·공간적 체험으로 연결한다. 결과적으로 시는 감상하는 행위 자체가 시간과 공간을 이동하는 하이퍼 경험이 된다. 시 전체가 단순한 사랑의 서사가 아니라, 태양과 시간, 감정이 서로 연결된 다차원적 하이퍼 체험으로 승화되어 있다.

> 삶의 빛을 수평으로 끌어안으며
> 어두운 자신 속에서 죽음을 빈틈없이 채우고
> 찾을 수 없는 상처를
> 그 속에서 발견하고자 했음이라
> 허나 껍데기만 남아 있는 지금의 영혼들이
> 피범벅이 된 순례자로 보이는 것은
> 나이를 옆으로 먹는 옹이의 울부짖던
> 무늬가 그립기 때문이다.
>
>   -『나이테의 상처는 아픈 축복이다』의 일부

시 제목과 본문에서 '나이테'라는 이미지는 단순한 시간의 기록이 아니라, 삶의 경험과 상처가 겹겹이 쌓인 입체적 층위를 보여준다. 하이퍼시 관점에서는, 상처와 축복이 선형적 원인-결과가 아닌 다차원적 층위로 공존한다.

독자는 시를 감상하며, 과거와 현재, 내면과 외부가 동시에 펼쳐지는 시간적·심리적 공간을 체험하게 된다.

"삶의 빛을 수평으로 끌어안으며 / 어두운 자신 속에서 죽음을 빈틈없이 채우고"에서 빛과 어둠, 삶과 죽음이라는 상반된 이미지를 수평적·동시적 구조로 배치한다.

빛과 어둠이 서로 동시에 공존하는 내면의 공간을 체험하게 하며, 단순히 상징을 해석하는 것이 아니라, 이미지와 감정을 입체적으로 느끼며, 공간 속을 움직이는 경험을 하게 된다.

"찾을 수 없는 상처를 / 그 속에서 발견하고자 했음

이라 / 허나 껍데기만 남아 있는 지금의 영혼들"에서 상처는 과거의 깊이이자, 동시에 현재의 인식으로 존재한다.

하이퍼시 관점에서, 상처가 단선적 회상이나 후회가 아니라, 현재와 과거가 중첩된 심리적 공간으로 표현되며, 독자는 시 속에서 과거 상처와 현재의 껍데기가 서로 공명하는 순간을 입체적으로 느끼게 된다.

"나이를 옆으로 먹는 옹이의 울부짖던 무늬가 그립기 때문이다"에서 나이테와 옹이는 단순한 나무의 흔적이 아니라, 삶과 경험의 흔적, 상처와 기억의 시각적 지도로 기능한다. 하이퍼시 관점에서는, 옹이 무늬가 과거–현재–상상 공간을 동시에 이어주는 다층적 관문 역할을 한다.

독자는 시적 공간에서 영혼의 상처와 나이테의 무늬가 서로 얽히며, 형성되는 입체적 시적 풍경을 체험한다. 시 전체가 단순한 회고적 사유가 아니라, 상처와 기억, 나이와 영혼이 얽힌 다층적 입체 경험으로 구성된 하이퍼시적 구조임을 보여주고 있다.

하늘의 밝음이
햇빛으로 다가와
모든 만물이 따스함으로
생명은 춤을 추고

하늘의 어둠이
달빛으로 다가와
별들이 아름다움으로
온 세상을 비추고

밝음은 어둡지 않고
어둠도 밝지 않아
밝음과 어둠이
서로 대하지 않는다.

- 『하늘은 절대 다투지 않는다』의 전부

 이 시는 밝음과 어둠, 햇빛과 달빛, 생명과 별이라는 상반 이미지를 동시에 배치하며 대립적 개념을 평면이 아닌 입체적으로 구성하고 있다. 하이퍼시 관점에서는, 이러한 구조가 시간·공간을 초월하여 동시에 존재하는 다층적 경험을 제공하고 있으며, 단순한 '대립'이 아니라 서로를 해치지 않고 공존하는 관계를 입체적으로 보여주고 있다.

"하늘의 밝음이 / 햇빛으로 다가와 / 모든 만물이 따스함으로 / 생명은 춤을 추고"는 하늘의 밝음과 햇빛, 생명과 춤이라는 이미지들을 연쇄적으로 연결하며 한 장면 속에서 다층적 움직임을 보여준다.

빛과 생명의 에너지, 감정과 감각이 서로 겹치며 공간 속에 입체적으로 배치되고 있으며, 단순한 서정적 장면이 아니라, 생명과 자연이 서로 공명하는 다차원적 현장을 체험하게 한다.

"하늘의 어둠이 / 달빛으로 다가와 / 별들이 아름다움으로 / 온 세상을 비추고"에서 어둠과 달빛, 별빛의 배치는 수평적 시간과 수직적 공간이 겹치는 입체적 구조를 형성하고 있다. 하이퍼시 관점에서는, 어둠 속에서도 별빛이 존재하고, 밝음 속에서도 그림자가 있듯이 모든 존재는 서로의 공간을 침범하지 않으면서 공존한다.

"밝음은 어둡지 않고 / 어둠도 밝지 않아 / 밝음과 어둠이 / 서로 대하지 않는다"에서 밝음과 어둠이 서로를 억압하지 않고 평행하며 존재하는 구조는 단순한 시적 상징을 넘어 다층적 우주관과 존재론적 사유로 확장된다.

이 시는 단순한 자연 묘사가 아니라, 밝음과 어둠의 평행적 공존을 통해 우주와 생명을 입체적으로 체험하게 하는 하이퍼시적 시적 구조임을 보여주고 있으며, 독자는 대립이 아닌 공존, 충돌이 아닌 평행이라는 다차원적 감각을 체험할 수 있다.

Ⅳ. 맺으며 | 시의 바다로, 세상으로

유충구 시인의 시 세계는 결국 바다를 향해, 그리고 세상을 향해 열린다. 그것은 단순히 공간적 확장이 아니라, 그의 시가 지닌 미학적·영적 지평의 확장을 의미한다.

바다는 곧 무한과 영원의 상징이다. 그의 시가 바다로 나아간다는 것은, 인간의 시어로 다 담을 수 없는 깊이와 무한성에 닿으려는 시인의 의지를 드러낸다. 그것은 끝내 시어로 포착할 수 없는 세계를 향한 영원한 갈망이자, 시인이 끊임없이 도전하는 문학적 모험이다.

 동시에 그의 시는 세상을 향해 나아간다. 시가 개인적 내면에만 머물러 있다면 그것은 닫힌 세계에 불과하다. 그러나 유충구 시인의 시는 그 고통과 희망을 세상과 나누고 타인의 삶과 연결시키며, 공동체적 연대의 장으로 확장한다. 그것이 곧 시가 지닌 윤리적 힘이자 문학의 사회적 역할이다.

 시를 읽는다는 것은 시인을 만나는 일이요, 곧 자기 자신을 다시 만나는 일이다. 유충구 시인의 시는 우리를 시의 바다로 데려가, 우리 자신의 영혼을 비추게 만든다. 그리고 그 순간, 우리는 깨닫는다. 시란 단순한 언어의 유희가 아니라, 인간의 감성을 깨우는 가장 원초적이고 숭고한 외침이라는 것을…

그의 시적 여정은 단순히 개인의 고백이 아니라, 동시대를 사는 모든 이들의 서사로 확장된다. 그는 시를 통해 세상과 맞닿고, 영감을 통해 영원과 대화한다. 결국 그의 시는 "개인의 노래"가 아니라 "세상의 합창"으로 승화된다.

결국 유충구 시인의 시가 우리에게 묻는다. "당신은 어디로 나아갈 것인가?" 그의 시적 여정은 시인 개인의 항해가 아니라, 독자 모두가 함께 동참해야 할 항해이다. 그 항해는 시의 바다로, 세상으로, 그리고 영원으로 이어진다.

오직 펜으로 말하며, 시로 표현하고 시로써 세상을 아름답게 꾸미는 시인이 되시기를 원하며, 독자님들의 가정에도 넘치는 시향과 함께, 시냇가에 심은 나무가 철을 따라 열매를 맺으며, 그 잎사귀가 마르지 않는 형통함이 있기를 기도합니다.

2025년 8월

서울시인대학에서 새벽을 바라보며

시간의물레詩選 27

별나다

초판인쇄 2025년 09월 15일
초판발행 2025년 09월 19일
시　　인 유충구
사진작가 임상길
발 행 인 권호순
발 행 처 시간의물레
등　　록 2004년 6월 5일
주　　소 경기도 파주시 숲속노을로 150, 708-701
전　　화 031-945-3867
팩　　스 031-945-3868
전자우편 timeofr@naver.com
블 로 그 http://blog.naver.com/mulretime
홈페이지 http://www.mulretime.com
I S B N 978-89-6511-555-7 (03800)
정　　가 15,000원

* 이 책 내용의 전부 또는 일부를 재사용하려면 반드시
　지은이와 출판사의 동의를 얻어야 합니다.
* 잘못된 책은 바꾸어 드립니다.